Mi primer libro de lectura preescolar

Spanish - English

_____

Las ovejas blancas tienen mucha lana blanca esponjosa para regalar.

The white sheep have a lot of fluffy white wool to give away.

Esta oveja es muy esponjosa.

This sheep is so fluffy.

Las ovejas son flacas.

The sheep are skinny.

El elegante cisne camina por el agua.

The graceful swan is striding through the water.

El hermoso cisne está comiendo un pedazo de vegetales verdes.

The beautiful swan is eating a piece of green vegetables.

El cisne es hermoso

The swan is beautiful.

El lindo monstruo está volando.

The cute monster is flying around.

El monstruo tiene un cuerno puntiagudo.

The monster has a pointy horn.

El pequeño monstruo tiene una cola larga.

The little monster has a long tail.

La morsa tiene dientes inusualmente afilados.

The walrus has unusually sharp teeth.

La morsa tiene cola.

The walrus has a tail.

La morsa tiene un amigo.

The walrus has a friend.

El dragón está usando la roca para construir su casa.

The dragon is using the rock to build its house.

El dinosaurio está obteniendo un plato para su comida.

The dinosaur is getting a plate for his food.

El dinosaurio tiene una almohada.

The dinosaur has a pillow.

El niño llega tarde a la escuela, por lo que está corriendo.

The boy is late for school, so he is sprinting.

El niño se está preparando para la escuela.

The boy is preparing for school.

El niño está emocionado de ir a la escuela.

The boy is excited to go to school.

Ese es un hermoso anillo.

That is a beautiful ring.

El anillo tiene una joya de diamantes.

The ring has a diamond jewel on it.

Ese es mi anillo.

That is my ring.

A mi gato le gusta comer pescado.

My cat likes to eat fish.

El gato está buscando más golosinas.

The cat is looking for more treats.

Mi gato tiene ojos grandes.

My cat has big eyes.

La mariquita roja y negra acaba de comer algunas hojas.

The red and black ladybug is just done eating some leaves.

La mariquita está comiendo un trozo de lechuga.

The ladybug is eating a piece of lettuce.

La mariquita tiene muchos puntos.

The ladybug has many spots.

El gato está tomando una siesta.

The cat is taking a nap.

El gato tiene mucho sueño.

The cat is very sleepy.

El gato está muy cansado.

The cat is very tired.

Este perro está moviendo la cola para más golosinas.

This dog is wagging its tail for more treats.

El perro tiene un collar de oro.

The dog has a golden collar.

¡Ese es un perro gordo!

That is a fat dog!

Santa está cargando una gran bolsa marrón de regalos en su sley.

Santa is lugging a large brown bag of gifts to his sley.

Papá Noel lleva una bolsa de cuero llena de regalos.

Santa Claus is carrying a leather bag filled with gifts.

Santa va a repartir regalos.

Santa is going to give out presents.

La criada está limpiando nuestra habitación.

The maid is cleaning our room.

La niña lleva dos cubos de agua.

The little girl is carrying two buckets loads of water.

La niña lleva un vestido.

The girl is wearing a dress.

La abeja lleva un chupete rosa para calmarse.

The bee is wearing a pink pacifier to calm itself.

Las abejas bebés tienen alas muy pequeñas.

The baby bees have very tiny wings.

La abeja bebé tiene rayas amarillas y negras.

The baby bee has yellow and black stripes.

La vieja cabra está orgullosa de su campana dorada.

The old goat is proud of its golden bell.

La cabra tiene cuatro pezuñas.

The goat has four hooves.

La cabra tiene un amigo.

The goat has a friend.

El conejito de pascua está pintando un huevo de chocolate.

The Easter Bunny is painting a chocolate egg.

Al conejito de pascua le gusta pintar huevos.

The Easter Bunny likes to paint eggs.

El conejo está entrando en un concurso de pintura de huevos.

The rabbit is entering an egg painting contest.

La abeja reina tiene una hermosa varita.

The queen bee has a beautiful wand.

La colmena tiene un líder que es una abeja mágica.

The beehive has a leader who is a magical bee.

Ella lleva una corona.

She is wearing a crown.

El dragón está agitando su mano.

The dragon is waving his hand.

El gran dragón antiguo te saluda.

The big ancient dragon says hello to you.

Los dragones son muy amigables y tienen escamas en la espalda.

Dragons are very friendly and have scales on their backs.

Happy Teddy está abriendo su caja de regalos de Santa.

Happy Teddy is opening his box of presents from Santa.

El oso de peluche está abriendo su segundo regalo.

The teddy bear is opening his second present.

El oso tiene un regalo.

The bear has a present.

La serpiente se está lamiendo el labio porque tiene hambre.

The snake is licking its lip because it is hungry.

La serpiente es muy viscosa.

The snake is very slimy.

La serpiente tiene lunares.

The snake has polka dots.

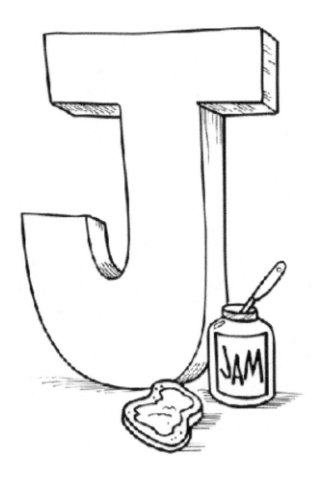

Hay mermelada en el pan.

There is jam on the bread.

Puede poner mermelada en tostadas para darle más sabor.

You can put jam on toast to give it more taste.

Mamá compró una nueva botella de mermelada.

Mom bought a new bottle of jam.

El sonriente número nueve dice su nombre en voz alta.

The smiling number nine is saying its name out loud.

El nueve dice que 4 + 5 = 9.

The nine is saying that 4+5=9.

Mi hermana tiene nueve animales de peluche.

My sister has nine stuffed animals.

La rana está sonriendo porque está feliz.

The frog is smiling because it is happy.

La rana está feliz y emocionada.

The frog is happy and excited.

La rana tiene una gran sonrisa.

The frog has a big smile.

El samurai está entrenando para ser bueno luchando.

The samurai is training to become good at fighting.

El samurai está persiguiendo a su enemigo.

The samurai is chasing away his enemy.

El samurai va a correr por la mañana.

The samurai is going for a morning jog.

Un búho inteligente está leyendo un libro del alfabeto.

A smart owl is reading an alphabet book.

El joven búho marrón está aprendiendo a leer.

The young brown owl is learning to read.

A Owl le gusta leer libros grandes.

Owl likes to read big books.

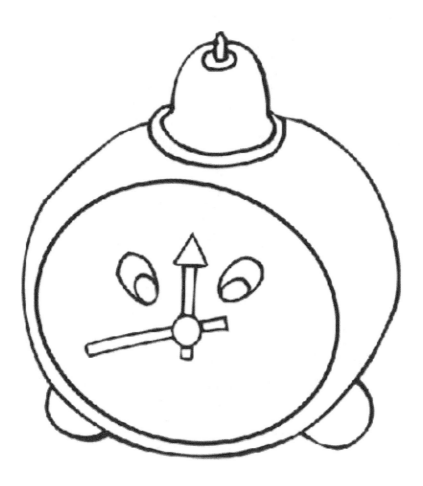

Hay un gran despertador en mi escritorio.

There is a big alarm clock on my desk.

El despertador a veces es muy molesto.

The alarm clock is sometimes very annoying

La alarma suena todas las mañanas.

The alarm rings every morning.

La cometa está en el suelo.

The kite is on the ground.

La cometa está en el suelo.

The kite is on the ground.

La cometa tiene una hermosa cola.

The kite has a beautiful tail.

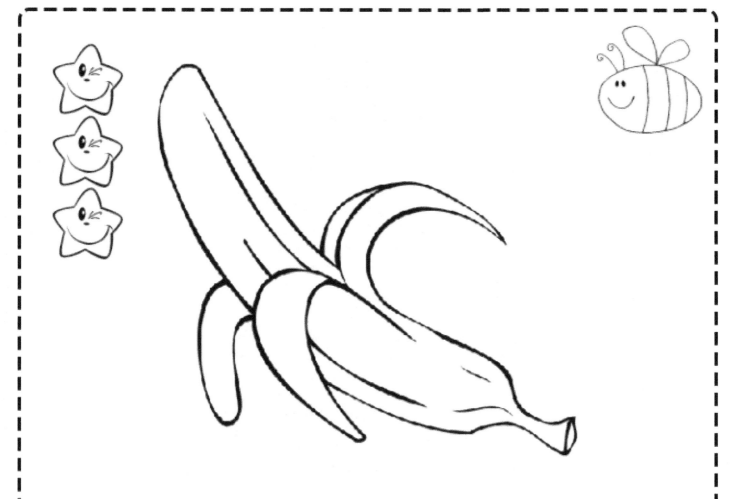

Mi fruta favorita para comer es una banana.

My favorite fruit to eat is a banana.

El banano es amarillo.

The banana is yellow.

Mi papá compró muchas bananas en el mercado.

My dad bought a lot of bananas in the market.

Tuve un enorme pastel de cumpleaños para mi celebración.

I had a humongous birthday cake for my celebration.

Este pastel de cumpleaños tiene tres capas.

This birthday cake has three layers.

Mi amigo está teniendo un pastel gigante.

My friend is having a gigantic cake.

Talentoso, Mr. Clown está haciendo malabarismos con cinco bolas rojas.

Talented, Mr. Clown is juggling five red balls.

El payaso divertido está haciendo malabarismos con la habilidad.

The funny clown is juggling with skill.

El payaso está haciendo malabares con pelotas para su actuación.

The clown is juggling balls for his performance.

Los animales están felices de estar juntos de nuevo.

The animals are happy being together again.

Los animales están teniendo una pijamada gigante.

The animals are having a giant sleepover.

Hay muchos animales

There are a lot of animals.

El número "dos" está sosteniendo orejas de conejo.

The number "two" is holding up bunny ears.

El número dos está posando para una selfie.

Number two is posing for a selfie.

Tengo dos orejas

I have two ears.

El Sr. Snowman está celebrando la Navidad junto al árbol decorado.

Mr. Snowman is celebrating Christmas by the decorated tree.

El muñeco de nieve está teniendo una fiesta de Navidad.

The snowman is having a Christmas party.

Este muñeco de nieve es mi amigo, y él es un ayudante de Santa.

This snowman is my friend, and he is a helper of Santa.

La enfermera parece aterradora, sosteniendo una jeringa.

The nurse looks scary, holding a syringe.

La enfermera está ayudando a los pacientes a mejorar.

The nurse is helping patients get better.

La enfermera ayuda al médico.

The nurse helps the doctor.

El dragón está tocando la guitarra.

The dragon is playing the guitar.

El sueño del dinosaurio es convertirse en una maravillosa estrella de rock.

The dinosaur's dream is to become a wonderful rock star.

El dinosaurio es una estrella de rock.

The dinosaur is a rock star.

El tigre lleva un lazo en el cuello.

The tiger is wearing a bow on its neck.

Un tigre formal está agitando su mano en busca de un taxi amarillo.

A formal tiger is waving his hand for a yellow taxi.

Es de color naranja y negro.

It is orange and black.

El pato tiene una nariz grande.

The duck has a big nose.

El pato acaba de dejar caer sus pequeños huevos ovales.

The duck just dropped its little oval eggs.

El pato tiene tres huevos.

The duck has three eggs.

La criada va a limpiar la habitación del hotel.

The maid is going to clean the hotel room.

La criada tiene una gran escoba marrón.

The maid has a big brown broom.

La amiga de mi madre es una criada.

My mom's friend is a maid.

La iguana se esconde detrás de la letra I.

The iguana is hiding behind the letter I.

La iguana se enrolla alrededor del alfabeto.

The iguana is curling around the alphabet.

La iguana tiene una cola larga.

The iguana has a long tail.

¡El niño lleva tantos libros!

The boy is carrying so many books!

El niño inteligente lleva libros pesados para estudiar.

The smart little boy is carrying heavy books to study.

El niño lleva muchos libros.

The boy is carrying a lot of books.

Mi pato, animal de peluche, lleva un sombrero.

My duck, stuffed animal, is wearing a hat.

El patito es muy chirriante.

The little duck is very squeaky.

El pato de juguete tiene patas palmeadas.

The toy duck has webbed feet.

El carpintero está arreglando algo.

The carpenter is fixing something.

El hombre viene a arreglar el barco.

The man is coming to fix the ship.

El hombre lleva un cinturón.

The man is wearing a belt.

El camarero está sirviendo jugo.

The waiter is serving juice.

El camarero está sirviendo limonada fresca a una familia.

The waiter is serving fresh lemonade to a family.

Él está usando una corbata de moño.

He is wearing a bowtie.

Santa le dio a los renos un gran regalo.

Santa gave reindeer a big present.

El reno llega tarde para dar su regalo a sus amigos.

The reindeer is late to give his present to his friends.

El reno tiene una bufanda.

Reindeer has a scarf.

El ingeniero está sosteniendo una llave inglesa.

The engineer is holding a wrench.

El ingeniero va a arreglar un elegante auto azul.

The engineer is going to fix a fancy blue car.

El tiene una maleta.

He has a suitcase.

Una vaca pequeña camina cerca del granero.

A little cow is walking around near the barn.

El ternero está deambulando.

The calf is wandering around.

Esa es una vaca bebé.

That is a baby cow.

El pollo nos está saludando.

The chicken is saying hello to us.

El pollo blanco lleva un sombrero de artista.

The white chicken is wearing an artist's hat.

El gallo tiene un pico grande.

The rooster has a big beak.

Los niños van a una excursión en el autobús amarillo.

The children are going on a field trip on the yellow bus.

Los niños van a la escuela en un autobús.

The children go to school on a bus.

Los niños en el autobús escolar van a la escuela.

The kids on the school bus are going to school.

La caja de cereal tiene un juego de magos para Navidad.

The cereal box got a magician set for Christmas.

El niño consiguió una figura de acción de mago para su cumpleaños.

The boy got a wizard action figure for his birthday.

El libro tiene una varita.

The book has a wand.

El jardinero va a plantar flores.

The gardener is going to plant flowers

El jardinero va a plantar algunas semillas.

The gardener is going to plant some seeds.

El granjero tiene barba.

The farmer has a beard.

Él conduce un gran camión de helados.

He is driving a big icecream truck.

El camión de helados está tocando una hermosa canción.

The ice cream truck is playing a beautiful song.

¡Venga! ¡El camión de helados está aquí!

Come on! The ice cream truck is here!

La cabra está comiendo hierba.

The goat is eating grass.

La cabra pasta en el prado.

The goat is grazing in the meadow.

La cabra camina adormilada.

The goat is sleepily walking around.

A él le gusta pintar.

He likes to paint.

El pintor de casas casi ha terminado con su trabajo diario.

The house painter is almost done with his daily work.

Él tiene un balde de pintura.

He has a bucket of paint.

El granjero conduce su camioneta.

The farmer is driving his truck.

El granjero conduce un tractor.

The farmer is driving a tractor.

El granjero está masticando un pedazo de trigo.

The farmer is chewing on a piece of wheat.

El pulpo tiene ocho tentáculos.

The octopus has eight tentacles.

El pulpo tiene tentáculos muy largos.

The octopus has very long tentacles.

El pulpo vive bajo el agua.

The octopus lives underwater.

El leon es grande.

The lion is big.

El león está persiguiendo su cola.

The lion is chasing its tail.

El león es tímido

The lion is timid.

El Chipmunk está a punto de comer una bellota marrón.

The Chipmunk is about to eat a brown acorn.

La ardilla trajo a casa una bellota gigante.

The chipmunk brought home a giant acorn.

La ardilla tiene una barriga suave.

The chipmunk has a soft tummy.

La cebra tiene rayas blancas y negras.

The zebra has black and white stripes.

La cebra está sonriendo ampliamente

The zebra is smiling widely

La cebra tiene cola.

The zebra has a tail.

Santa se está divirtiendo.

Santa is having fun.

Santa Claus se está riendo de una broma hilarante.

Santa Claus is laughing at a hilarious joke.

Santa es gordo.

Santa is fat.

El policía está enojado.

The policeman is mad.

El policía está enojado con algunos adolescentes podridos.

The policeman is angry at some rotten teenagers.

Lleva gafas de sol.

He is wearing sunglasses.

Una rata está encima de la letra M

A rat is on top of the letter M

El ratón tiene bigotes muy largos.

The mouse has very long whiskers.

Me gustan los ratones

I like mice.

La serpiente de cascabel está buscando su cena.

The rattlesnake is looking for its dinner.

La anaconda es la serpiente más larga del mundo.

The anaconda is the longest snake in the world.

La cobra es muy encantadora.

The cobra is very lovely.

Al mago le gusta trabajar con magia.

The wizard likes to work with magic.

El mago convocará a un gran dragón grande.

The wizard is going to summon a great big dragon.

El mago tiene una varita.

The magician has a wand.

El número "cinco" está tratando de darte un máximo de cinco.

The number "five" is trying to give you a high five.

Los cinco dicen su nombre en voz alta, para que otros lo sepan.

The five are saying its name out loud, so others will know.

Tengo cinco dedos en 1 de mis manos.

I have five fingers on 1 of my hands.

El hipopótamo tiene una gran cabeza.

The hippo has a big head.

El hipopótamo se sorprende de lo grandes que son sus dientes.

The hippo is amazed at how big his teeth are.

El hipopótamo tiene una gran cabeza.

The hippo has a big head.

El repartidor nos envió un paquete.

The delivery man sent us a package.

El trabajador está remolcando algunas cajas pesadas.

The workman is towing some heavy boxes.

Tiene sueño.

He is sleepy.

El chef Octopus está sirviendo una deliciosa cena de pavo.

Chef Octopus is serving a delicious turkey dinner.

El pulpo cocinaba comida deliciosa para sus amigos.

The octopus cooked delicious food for its friends.

El pulpo está trabajando como chef y sirve comida.

The octopus is working as a chef and serving food.

La hormiga cuenta una historia.

The ant is telling a story.

Una hormiga es de tamaño pequeño, pero muy fuerte.

An ant is tiny in size, but very strong.

Encontré una hormiga.

I found an ant.

Teddy está lamiendo un bastón de caramelo rojo y blanco.

Teddy is licking a red and white candy cane.

El oso de peluche marrón lleva un sombrero verde brillante.

The brown teddy bear is wearing a bright green hat.

Al oso le gusta comer dulces.

The bear likes to eat sweets.

La reina es hermosa.

The queen is beautiful.

La reina tiene una varita rosa.

The queen has a pink wand.

La reina tiene una varita.

The queen has a wand.

A mi mamá le encanta tomar té.

My mom loves to drink tea.

La tetera es corta y surtidor.

The teapot is short and spout.

La tetera tiene té verde.

The teapot has green tea in it.

Mi papá trabaja en la computadora.

My dad works on the computer.

La computadora portátil está saludando al usuario.

The laptop is saying hi to the user.

Esa es la computadora de mi papá.

That is my dad's computer.

La mariquita está en la hoja.

The ladybug is on the leaf.

La mariquita está sonriendo.

The ladybug is smiling.

La mariquita tiene seis patas.

The ladybug has six legs.

El conejo sale a comprar más zanahorias anaranjadas.

The rabbit goes out to buy more orange carrots.

El conejo arrancó algunas zanahorias del jardín.

The rabbit just plucked some carrots out of the garden.

El conejito de pascua va a repartir huevos de chocolate.

The Easter Bunny is going to give out chocolate eggs.

El pingüino vive en el ártico.

The penguin lives in the arctic.

El pingüino vive en regiones frías.

The penguin lives in cold regions.

El pingüino come pescado.

The penguin eats fish.

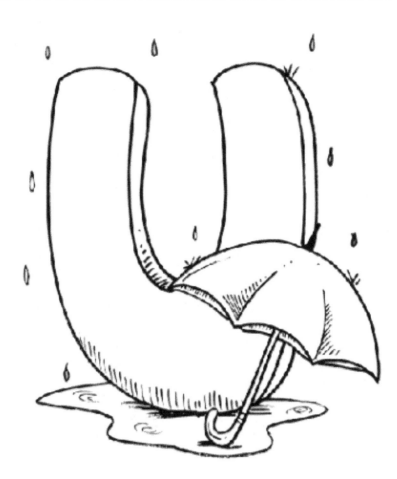

Usamos el paraguas cuando está lloviendo.

We use the umbrella when it's raining.

El paraguas te protege.

The umbrella shelters you.

Está lloviendo.

It's raining.

La letra N representa una nariz.

The letter N stands for a nose.

La nariz se usa para oler cosas.

The nose is used for smelling things.

La nariz está respirando.

The nose is breathing.

El murciélago está listo para volar.

The bat is ready to fly.

El murciélago está abrazando la carta.

The bat is hugging the letter.

El murciélago duerme boca abajo.

The bat sleeps upside down.

El número "seis" dice 1 + 5 = 6.

The number "six" is saying 1+5=6.

Los seis están emocionados saltando arriba y abajo.

The six are excitedly jumping up and down.

Una mariposa tiene seis patas.

A butterfly has six legs.

Los animales están teniendo una gran celebración.

The animals are having a big celebration.

Los animales invitaron al mono y al loro a unirse a su pijamada.

The animals invited the monkey and the parrot to join their sleepover.

Fui al zoológico.

I went to the zoo.

El niño corría.

The little boy was running.

El velocista está ganando el primer lugar en una carrera.

The sprinter is winning first place in a race.

El niño esta corriendo.

The boy is running.

El elefante es tímido.

The elephant is shy.

El elefante tiene orejas grandes.

The elephant has big ears.

El elefante tiene pestañas.

The elephant has eyelashes.

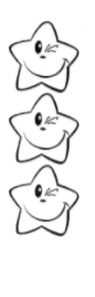

Rabbit piensa que la zanahoria naranja jugosa se ve deliciosa.

Rabbit thinks that the juicy orange carrot looks yummy.

El conejito está trayendo una zanahoria gigante a su familia para la cena.

The bunny is bringing a giant carrot to its family for dinner.

Al conejito le gusta comer zanahorias.

The bunny likes to eat carrots.

El loro verde vino del bosque al zoológico.

The green parrot came from the forest to the zoo.

El loro está aprendiendo a volar en el cielo.

The parrot is just learning how to fly in the sky.

El loro es colorido.

The parrot is colorful.

Tuve un pequeño pastel de cumpleaños para mi fiesta.

I had a small birthday cake for my party.

Este pastel de cumpleaños es para un niño pequeño.

This birthday cake is for a little kids.

Tengo una vela en mi pastel.

I have a candle on my cake.

El señor Snowman sostiene una escoba y se despide.

Mr. Snowman is holding a broom and saying goodbye.

El muñeco de nieve acababa de limpiar el patio.

The snowman was just done cleaning the yard.

Hice un muñeco de nieve.

I made a snowman.

El cocodrilo está emocionado.

The crocodile is excited.

El cocodrilo que salta es feliz.

The jumping crocodile is happy.

El cocodrilo está saltando.

The alligator is jumping.

El gallo está en la cerca.

The rooster is on the fence.

El gallo está despertando a todos.

The rooster is waking up everybody.

El gallo despertará a la gente.

The rooster is going to wake people up.

Una lechuza está enseñando a los niños en la escuela sobre el trabajo.

An owl is teaching the kids in school about work.

Mr.Owl enseña el 3er grado.

Mr.Owl teaches the 3rd grade.

La lechuza es profesora de artes del lenguaje.

The owl is a language arts teacher.

Un astronauta tiene que explorar nuestro universo para que tengamos más conocimiento.

An astronaut has to explore our universe so that we would have more knowledge.

El astronauta vio algo en la distancia.

The astronaut saw something in the distance.

El astronauta va a una misión.

The astronaut is going on a mission.

Tengo muchos pinceles y lápices.

I have a lot of brushes and pencils.

Los utensilios de escritura están en la lata.

The writing utensils are in the tin can.

Tengo muchos lapices.

I have a lot of pencils.

La chica está hablando por teléfono con su amigo.

The chick is on the telephone talking with his friend.

La pequeña está usando el teléfono de su madre para reproducir música.

The little chick is using his mother's phone to play music.

El pájaro es pequeño.

The bird is small.

El camarero está sirviendo pizza caliente al vapor.

The waiter is serving steaming hot pizza.

El chef acaba de tomar el horno de pizza.

The chef just took the pizza oven

La pizza se ve deliciosa.

The pizza looks delicious.

Es curioso, el Sr. Payaso está regalando globos de colores.

Funny, Mr. Clown is giving away colorful balloons.

El payaso sostiene tres globos de colores.

The clown is holding three colorful balloons.

Al payaso le gusta repartir globos a los niños pequeños.

The clown likes to give out balloons to little kids.

El uno está diciendo su nombre.

The one is saying its name.

El número uno obtuvo el primer lugar en una competencia.

Number one got first place at a competition.

Tengo una nariz

I have one nose.

El conejo está pensando en algo.

The rabbit is thinking about something.

El conejo está confundido.

The rabbit is confused.

El conejo tiene orejas largas.

The rabbit has long ears.

Él está tocando una melodía animada en su flauta.

He is playing a lively tune on his flute.

El niño está practicando la flauta para estar listo en la escuela.

The boy is practicing the flute to be ready at school.

Él es un músico.

He is a musician.

Él va a trabajar con su maleta.

He is going to work with his suitcase.

El empresario llama a su jefe.

The businessman is calling his boss.

Él tiene un walkie talkie.

He has a walkie talkie.

El dragón acaba de comer algo picante, por lo que necesitaba agua.

The dragon just ate something spicy, so he needed water.

El dragón tiene mucha sed.

The dragon is very thirsty.

El dragón esta enfermo.

The dragon is sick.

Un violín puede tocar música hermosa si se toca correctamente.

A violin can play beautiful music if played correctly.

El violín es uno de los instrumentos más fantásticos.

The violin is one of the most fantastic instruments.

El violín es un instrumento musical.

The violin is a musical instrument.

Ram tiene un cuerno grande y lana esponjosa.

Ram has a large horn and fluffy wool.

El carnero está sonriendo porque acaba de bañarse.

The ram is smiling because it just took a bath.

Este carnero vive en la granja.

This ram lives in the farmhouse.

Mi caja de juguetes contiene muchos juguetes.

My toy box contains a lot of toys.

El baúl de juguetes está lleno de juguetes.

The toy chest is full of toys.

Tengo peluches, pelotas y otros juguetes en mi caja de juguetes.

I have stuffed animals, balls, and other toys in my toy box.

The Pencil se va para tomar unas vacaciones largas y relajantes.

The Pencil is leaving to go on a long relaxing vacation.

El lápiz se despierta temprano y brillante para ir a trabajar.

The pencil wakes up bright and early to go to work.

El lápiz puso una gran sonrisa y se fue a trabajar.

The pencil put on a big smile and went to work.

La rana está tratando de atrapar la mosca.

The frog is trying to catch the fly.

La rana usa su lengua para atrapar presas.

The frog uses its tongue to catch prey.

La rana está saltando.

The frog is hopping.

La rana feliz lleva un sombrero verde.

The happy frog is wearing a green hat.

La rana verde lleva un sombrero verde.

The green frog is wearing a green hat.

La rana va a una fiesta.

The frog is going to a party.

La tortuga tiene un caparazón robusto pero es muy lenta.

The turtle has a robust shell but is very slow.

La tortuga vive en tierra, a diferencia de las tortugas.

The tortoise lives on land, unlike turtles.

La tortuga tiene un caparazón puntiagudo.

The tortoise has a pointy shell.

La jirafa tiene un cuello extremadamente largo.

The giraffe has an extremely long neck.

La jirafa tiene muchos puntos.

The giraffe has many spots.

La jirafa come verduras.

The giraffe eats vegetables.

Made in the USA
Middletown, DE
17 December 2019